Kinderleichtes Basteln für

Weihnachten

Krippe, Baumschmuck, kleine Geschenke…

Inhalt

SÜDWEST

Der kleine Weihnachtsbaum

Dieses kleine Lied kennst du bestimmt. Aber wann hast du es zuletzt gesungen? Jetzt wäre doch eine gute Gelegenheit:
»O Tannenbaum
o Tannenbaum,
wie grün sind deine Blätter.
Du blühst nicht nur zur Sommerszeit,
nein auch im Winter, wenn es schneit.
O Tannenbaum,
o Tannenbaum,
wie grün sind deine Blätter.«

Auch ein ganz kleiner Weihnachtsbaum lässt sich toll schmücken.

Es war kurz vor Weihnachten. Neben dem Haus, in dem Lisa mit ihren Eltern wohnte, hatte Herr Holz eine Hütte aufgebaut, in der er seine Weihnachtsbäume verkaufte. »Lass uns auch einen Weihnachtsbaum kaufen«, sagte Lisa zu ihrem Papa. »Ja«, sagte der, »aber wir fahren in den Wald zum Förster. Der fällt uns einen schönen Baum.« Endlich war es so weit. Papa fuhr mit Lisa in den Wald. Aber was machten sie für lange Gesichter, als sie an der Tür zum Forsthaus den großen Zettel sahen: »Keine Weihnachtsbäume mehr zu verkaufen. Ich wünschen allen schöne Weihnachten. Der Förster.« Lisa stiegen die Tränen in die Augen. »Weine nicht«, sagte Papa, »dann kaufen wir eben doch einen Baum bei Herrn Holz.« »Aber der hat doch gar keine mehr«, wimmerte Lisa, »gestern Abend hat er den letzten verkauft.« »Lass ihn uns trotzdem fragen«, meinte Papa. Sie stiegen in das Auto und fuhren zurück in die Stadt. Herr Holz baute gerade seine Hütte ab. »Oje, da werden wir wohl keinen Baum mehr bekommen, was, Herr Holz?«

»Hmm, na ja«, brummte Herr Holz, »ich habe nur noch einen Baum, den wollte keiner haben, weil er so klein ist.« Herr Holz verschwand hinter seiner Hütte. Dort stand ein kleines Tannenbäumchen, dessen Zweige traurig herabhingen. »Jetzt kommst du also doch noch weg, Kleiner«, sagte Herr Holz liebevoll. Als das Bäumchen das hörte, reckte und streckte es sich, damit es wenigstens etwas größer aussah. Es nahm all seine Kraft zusammen und hob seine Zweiglein in die Höhe, damit es dicht und buschig wirkte. »So ist's richtig«, meinte Herr Holz, nahm den Baum unter den Arm und ging wieder zu Lisa und ihrem Vater.

»Bitte lass uns den nehmen, Papa«, jauchzte Lisa. »Natürlich«, sagte Papa und trug den kleinen Weihnachtsbaum nach Hause. »Puh, Glück gehabt«, dachte der kleine Weihnachtsbaum, »jetzt werde ich doch noch schön geschmückt, sehe die Krippe, die vielen Geschenke und die weihnachtliche Festtagstafel. Vielleicht singt man mir ja sogar noch ein schönes Lied vor.«

Weihnachtsbräuche aus aller Welt

Weihnachten wird nicht überall auf die gleiche Weise gefeiert. In jedem Land gibt es unterschiedliche Bräuche, die zum Fest gehören wie bei uns das Plätzchenbacken und der Adventskalender.

Schon der Weihnachtsmann hat ganz unterschiedliche Namen. In England heißt er Santa Claus, in Frankreich Père Noël, in Dänemark hört er auf den lustigen Namen Joulupukki. Und wusstest du, dass keineswegs alle Kinder Europas am 24. Dezember ihre Weihnachtsgeschenke bekommen? Im Osten Europas bringt Väterchen Frost die Geschenke erst am Silvesterabend. Weil die Strecken so weit sind, hilft ihm dabei die gute alte Babuschka. In Griechenland bekommen die Kinder ihre Gaben vom alten Mönch Basilius erst am Neujahrstag. In manchen Ländern müssen die Kinder bis zur Bescherung sogar noch länger warten. Erst in der Dreikönigsnacht verteilen die Hexe Bentafa in Italien und der König Kaspar in Spanien ihre Geschenke.

Kennst du den englischen Brauch, in der Weihnachtszeit Mistelzweige über der Tür aufzuhängen? Wer unter der Mistel steht, darf einfach so geküsst werden. Wer schüchtern ist und schon lange jemandem ein Küsschen geben wollte, kann hier die Gelegenheit nutzen.

In der Adventszeit gibt es in vielen Städten Weihnachtsmärkte. Den größten Christkindlmarkt kann man in Nürnberg finden.

Die schöne Tradition des Weihnachtbaums geht auf den alten Brauch zurück, das Haus zum Jahreswechsel mit grünen Zweigen zu schmücken. Vor gar nicht langer Zeit gab es solche Weihnachtsbäume jedoch nur bei Königen, Fürsten, Herzogen und sehr reichen Bürgern. Erst seit etwa 100 Jahren steht der Christbaum prächtig geschmückt mit Kerzen, bunten Glaskugeln und Süßigkeiten auch in den Wohnzimmern bürgerlicher Familien. Heute ist ein Weihnachtsfest ohne ihn undenkbar.

In England werden zu Weihnachten Mistelzweige aufgehängt.

Wertvolle Goldnüsse

Ab 6 Jahren unter Anleitung eines Erwachsenen

Diese vergoldeten Nüsse wirken fast wie Christbaumkugeln. Besonders toll sieht es aus, wenn du sie zusammen mit den goldenen Krepppapierblüten und dem funkelnden Baumschmuck (Anleitung Seite 12) aus diesem Buch aufhängst. Goldene Kerzen vervollständigen die Dekoration. Du wirst sehen: Euer Christbaum glänzt, als wäre er vergoldet.

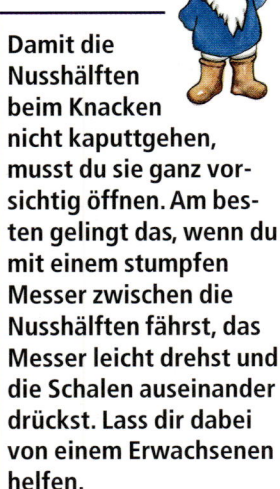

Material
Walnüsse
Goldlack
Goldene Kordel
Alte Zeitungen
Pinsel; Schere
UHU ALLESKLEBER
extra

Damit die Nusshälften beim Knacken nicht kaputtgehen, musst du sie ganz vorsichtig öffnen. Am besten gelingt das, wenn du mit einem stumpfen Messer zwischen die Nusshälften fährst, das Messer leicht drehst und die Schalen auseinander drückst. Lass dir dabei von einem Erwachsenen helfen.

1 Decke zuerst deinen Arbeitsplatz mit alten Zeitungen ab. Sortiere dann die Walnusshälften und lege sie paarweise vor dich hin. Pass auf, dass du die Paare später nicht durcheinander bringst.

2 Bemale mit dem Pinsel jede Nusshälfte mit Goldlack. Guck dir die Schalen von allen Seiten noch einmal genau an, ob sie wirklich vollständig angemalt sind; eventuell nochmals Farbe auftragen.

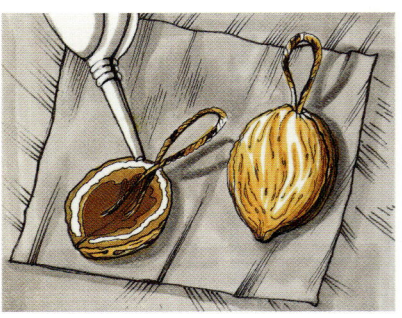

3 Schneide für jedes Nussschalenpaar von der Goldkordel ein etwa 15 cm langes Stück ab. Miss dazu zuerst ein Stück mit dem Lineal ab und nutze es dann als »Maßband«.

4 Bestreiche die Ränder beider Nussschalenhälften mit UHU. Lege ein Stück Goldkordel zur Schlaufe und lege die beiden Enden auf die Schale. Setze die zweite Schale auf und drücke sie zusammen.

Buntgefleckte Adventslaternen

*Ab 7 Jahren
unter Anleitung eines
Erwachsenen*

Diese Laternen leuchten durch die vielen verschiedenfarbigen Tupfen besonders lustig. Du kannst sie auf der Fensterbank, dem Balkon oder im Garten aufstellen. Wenn du abends aus dem Fenster schaust, die Lichter brennen siehst und ein paar Weihnachtslieder singst, vergeht die Zeit bis zum Weihnachtsabend bestimmt etwas schneller als sonst.

Material

- Runde oder ovale Käseschachtel
- Zeichenpapier
- Weiße Haushaltskerze
- Malfarben
- Pinsel
- Bleistift
- Lineal; Schere
- Bügeleisen
- Küchenpapier
- Teelicht
- UHU ALLESKLEBER

Bei dieser Bastelei musst du mit einer brennenden Kerze arbeiten. Damit nichts passiert, musst du dir dabei unbedingt von einem Erwachsenen helfen lassen. Vorsicht auch beim Tröpfeln: Das Wachs ist nämlich sehr heiß.

1 Miss den Umfang der Käseschachtel ab und gib etwa 3 cm zu. Die Höhe der Laterne wählst du nach Belieben. Zeichne die Maße auf das Zeichenpapier und schneide das Rechteck mit der Schere aus.

2 Zünde die Kerze an und betropfe das Papier gleichmäßig mit Wachs. Stelle die Kerze dann in einen Kerzenleuchter. Ist das Wachs trocken, übermalst du das Papier mit einer hellen Farbe, z. B. Gelb.

3 Ist die Farbe ganz trocken, tropfst du mit der Kerze erneut Wachs auf das Papier. Lass das Wachs trocknen und übermale das Papier mit einer dunkleren Farbe, etwa mit Rot oder Grün.

4 Die Farbe wieder trocknen lassen und das Papier ein letztes Mal mit Wachs betropfen. Jetzt kannst du die Kerze ausblasen. Eine letzte, dunkle Farbschicht auftragen, beispielsweise Blau.

5 Ist der letzte Farbauftrag trocken, hebst du vorsichtig alle Wachstropfen vom Papier. Lege dann das gebatikte Blatt zwischen zwei Lagen Küchenpapier und bügle das restliche Wachs aus.

6 Klebe das Papier um die Käseschachtel; verklebe die Randstreifen gut miteinander. Zünde ein Teelicht an und stelle es in die Laterne. Du wirst sehen, die Farben leuchten wie bunte Bonbons.

Für unsere bunten Laternen haben wir die uralte Kunst des Batikens verwendet. »Batik« ist übrigens javanisch und bedeutet ursprünglich »gesprenkelt«. Wusstest du, dass du mit dieser Methode auch Stoff und Kleidung kunstvoll färben kannst? An den mit Wachs bedeckten Stellen kann die Farbe nicht bis zum Stoff dringen, die Stelle bleibt hell. Eine andere Methode ist folgende: Den Stoff ganz in Wachs tauchen, anschließend fest werden lassen und dann zusammenknüllen. Dabei bricht das Wachs, und die Farbe kann während des Farbbads durch die feinen Risse in den Stoff eindringen.

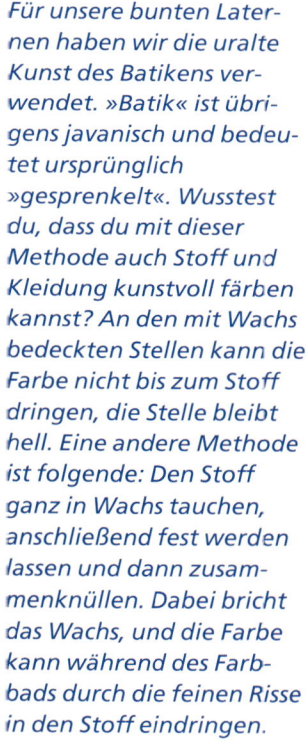

Die bunten Laternen leuchten dem Weihnachtsmann den Weg.

Zauberhafte Tannenbäumchen

Ab 8 Jahren
unter Anleitung eines
Erwachsenen

Natürlich sind echte Tannenbäume immer grün. Für deine weihnachtliche Tischdekoration kannst du die Bäumchen aber auch in Rot, Gold oder Silber basteln. Wenn du dann noch ein paar Teelichter zwischen die Bäumchen stellst, wird es ganz festlich. Die Vorlage für die Tannenbäumchen findest du auf der hinteren Umschlaginnenseite.

Material

Tonkarton in Rot und Grün

Fotokarton in Gold und Silber

Karton für die Schablonen

Transparentpapier

Bleistift

Schere; Stecknadel

UHU ALLESKLEBER

Klebestreifen

Wenn du willst, kannst du deine Tischbäumchen noch mit »Kugeln« schmücken. Schneide dazu aus Gold- oder Silberfolie kleine Kreise und klebe sie auf den Baum, bevor du ihn zusammensteckst.

1 Zuerst stellst du eine Baumschablone her: Klebe das Transparentpapier mit Klebeband auf die Vorlage; zeichne die Umrisslinie des Baumes und das Kreuzchen mit dem Bleistift durch.

2 Löse das Transparentpapier vorsichtig ab und klebe es auf den Karton für die Schablone. Stich am Kreuz mit einer Nadel durch den Karton. Schneide den Baum mit der Schere genau aus.

3 Lege die Baumschablone nun auf Ton- oder Fotokarton. Fahre die Umrisse sauber nach und stich mit der Nadel durch das Loch ein. Hebe die Schablone ab und schneide die Formen aus.

4 Schneide jeden Baum abwechselnd von der Spitze und vom Boden bis zum Nadelloch ein. Stecke dann je zwei Formen kreuzweise zu Tannenbäumchen ineinander.

Lämpchen aus Zitrusfrüchten

Ab 6 Jahren unter Anleitung eines Erwachsenen

Diese kleinen Lampen spenden nicht nur angenehmes warmes Licht, sie duften auch noch aromatisch. Wenn ihr an Weihnachten Gäste bekommt, kannst du ihnen den Weg leuchten, indem du die kleinen Lampen auf dem Fensterbrett aufreihst oder sie draußen vor die Wohnungstür stellst. Natürlich sind sie auch eine schöne Tischdekoration.

Material

- Orangen
- Große Mandarinen
- Schneidebrett
- Küchenmesser
- Löffel oder Kugelausstecher
- Schere
- Küchentücher
- Teelichter

Aus dem Fruchtfleisch kannst du einen leckeren Obstsalat machen. Zerkleinere das Fleisch eventuell noch ein bisschen, süße es mit Zucker und mische einen Teelöffel Mandelstifte darunter. Dazu schmeckt ein Klecks Schlagsahne.

1 Stelle die Frucht auf das Schneidebrett. Die Stelle, an der der Stiel angewachsen war, sollte nach oben zeigen. Dann steht das Lämpchen nachher sicherer. Schneide oben den Deckel ab.

2 Jetzt fährst du mit dem Messer in das Fruchtfleisch und schneidest es vorsichtig klein. Beginne in der Mitte der Frucht; führe dann das Messer vorsichtig zwischen Schale und Fruchtfleisch entlang.

3 Jetzt das gelöste Fruchtfleisch vorsichtig herauslöffeln. An manchen Stellen musst du vielleicht deine Finger zu Hilfe nehmen. Tupfe die Schale innen mit Küchentüchern möglichst trocken.

4 Damit das Kerzenlicht aus den Lampen herausscheinen kann, schneidest du mit einem Messer Sterne oder Rauten aus der Schale heraus. In den oberen Rand kannst du mit der Schere Zacken schneiden.

Funkelnder Christbaumschmuck

*Ab 6 Jahren
unter Anleitung eines
Erwachsenen*

Was wäre Weihnachten ohne einen feierlich geschmückten Christbaum? Damit euer Baum an Heiligabend im Kerzenlicht richtig leuchtet und funkelt, solltest du rechtzeitig beginnen, diesen schönen Schmuck zu basteln. Lade doch zum Basteln ein paar Freunde ein, dann macht es noch mehr Spaß.

Material

Goldfarbene
Metallfolie

Karton für die
Schablonen

Transparentpapier

Bleistift

Folienstift

Schere

Klebestreifen

UHU stic

Zeitungspapier

Damit du den Baumschmuck aufhängen kannst, stichst du oben am Rand mit einer Nadel in die Folie und ziehst einen etwa 20 cm langen goldenen Faden durch das Loch. Die Enden zusammenknoten – fertig.

1 Zuerst musst du deine Schablonen herstellen. Lege dazu Transparentpapier auf die Vorlagen. Fixiere das Papier mit Klebestreifen, damit es beim Abpausen nicht verrutschen kann.

2 Zeichne die Vorlagen mit dem Bleistift auf das Transparentpapier durch. Erst wenn du alle Motive abgepaust hast, löst du das Transparentpapier wieder vorsichtig von der Vorlage.

3 Klebe das Transparentpapier mit UHU stic auf den Karton. Pass auf, dass es keine Blasen wirft. Schneide entlang den Linien alle Teile mit der Schere aus. Nun hast du die fertigen Kartonschablonen.

4 Jetzt beginnt die richtige Arbeit. Lege die Schablonen auf die Metallfolie. Lass zwischen den einzelnen Motiven nicht zu viel Platz frei, sonst bleiben am Schluss zu viele Goldfolienreste übrig.

5 Fahre mit dem Folienstift die Umrisse der Schablonen nach und schneide die Formen mit der Schere aus. Am einfachsten geht das, wenn du sie erst grob ausschneidest und dann die Kontur säuberst.

6 Decke deinen Arbeitsplatz mit alten Zeitungen ab. Auf der Unterlage kannst du in die Anhänger mit dem Bleistift Muster prägen: Linien, Punkte, Kreise, Spiralen oder was dir sonst noch so einfällt.

Schon vor über 100 Jahren schmückten viele Leute ihren Weihnachtsbaum mit goldenen Sternen und Herzen. Allerdings waren diese nicht aus Metallfolie, sondern aus geprägter Pappe. Sehr beliebt waren auch gläserne Kugeln, Kerzen, Lametta, Zinnanhänger oder Rauschgoldengel. Bei einfachen Leuten waren rote Äpfel der Hauptschmuck, dazu etwas Gebäck und Zuckerwerk.

Christbaumschmuck wie aus der Schatztruhe eines Königs aus dem Morgenland.

Goldene Weihnachtsblumen

Ab 7 Jahren unter Anleitung eines Erwachsenen

Diese goldfarbenen Blüten aus Krepppapier sind eine wunderschöne Tischdekoration für den weihnachtlichen Kaffeetisch! Oder willst du lieber euren Weihnachtsbaum »blühen« lassen? Dann hängst du die Blüten mit einer Schlaufe aus Golddraht einfach an den Christbaum. Etwas zurechtbiegen – und fertig ist die ausgefallene Baumdekoration.

Material

Krepppapier in Gold
Dünner goldener Faden
Lineal; Schere
Golddraht
UHU ALLESKLEBER

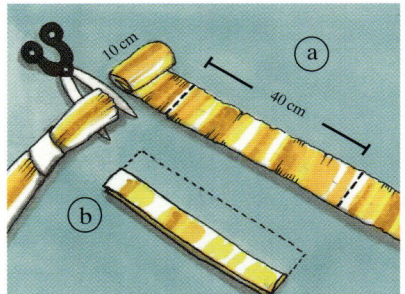

1 a) Schneide von der noch geschlossenen Krepppapierrolle 10 cm ab. Rolle dieses Stück dann aus und schneide mehrere 40 cm lange Stücke ab. b) Falte diese der Länge nach.

2 Halte den Streifen mit der Faltkante nach oben. Rolle ein Ende zusammen. Wickle das Papier um das gerollte Ende. Halte die Blüte unten mit einer Hand, damit sie nicht auseinander rutscht.

Wenn du einen goldenen Blumenstrauß binden willst, musst du die Blüte mit einem Stück Golddraht umwickeln. Lass unten etwas Draht stehen, damit jede Blume einen Stiel hat. Dann kannst du sie gut in eine passende Vase stellen.

3 Wenn du etwa 10 cm fest aufgewickelt hast, wickelst du den Rest Krepppapier spiralförmig um die Blütenmitte. Ziehe am oberen Rand das Krepppapier noch etwas auseinander.

4 Damit die Blüte nicht auseinander fällt, bindest du um den Blütenansatz einen Goldfaden; verknote die Enden. Wenn du willst, kannst du noch etwas schmales Krepppapier um den Faden kleben.

Die Weihnachtskrippe

*Ab 6 Jahren
unter Anleitung eines
Erwachsenen*

Schon das Sammeln des Baumaterials für deine Krippe macht Spaß. Moos, kleine Äste, Rinde und Tannenzapfen kann man auf einem schönen Spaziergang im Wald ganz nebenbei suchen. Bevor du die Sachen verarbeitest, sollten sie aber ganz trocken sein. Die Figuren und Tiere zur Krippe gestaltest du aus Modelliermasse, ganz wie du sie dir vorstellst.

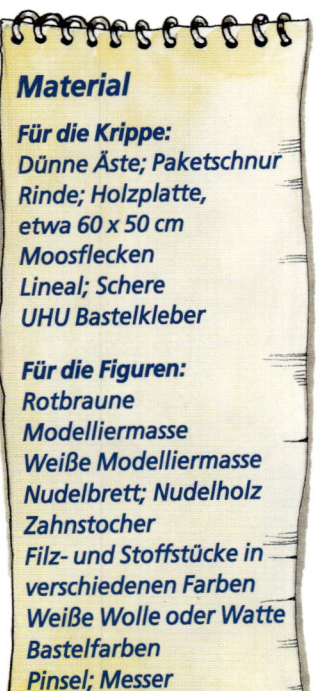

Material

Für die Krippe:
Dünne Äste; Paketschnur
Rinde; Holzplatte,
etwa 60 x 50 cm
Moosflecken
Lineal; Schere
UHU Bastelkleber

Für die Figuren:
Rotbraune
Modelliermasse
Weiße Modelliermasse
Nudelbrett; Nudelholz
Zahnstocher
Filz- und Stoffstücke in
verschiedenen Farben
Weiße Wolle oder Watte
Bastelfarben
Pinsel; Messer
UHU ALLESKLEBER

Damit sich
die Matte für
den Stall gut knüpfen
lässt, sollten die Ästchen
möglichst gerade sein.

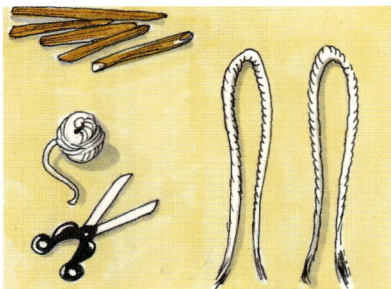

1 Zuerst brichst du alle Zweige auf eine Länge von etwa 20 cm. Schneide von der Schnur zwei 1 m lange Stücke ab und lege sie jeweils doppelt vor dich auf den Tisch. Die offenen Enden zeigen zu dir.

2 Stecke den ersten Zweig in die Schlingen, so dass er an beiden Seiten etwa 2 cm übersteht. Verknote an beiden Seiten die Schnüre direkt unter dem Zweig fest miteinander.

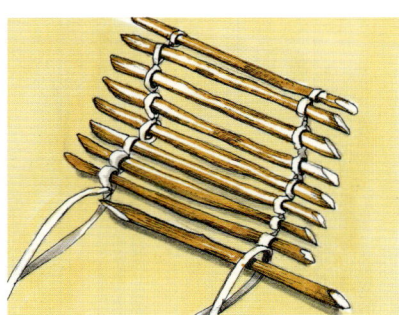

3 Dein Helfer hält jetzt den ersten, festgeknoteten Zweig, und du knotest das zweite Ästchen zwischen die Schnüre. Knote so einen Zweig nach dem anderen zu einer Matte zusammen.

4 Stelle die Matte halbkreisförmig auf. Damit sie nicht auseinander kippt, klebst du oben mit UHU ein paar Ästlein quer auf. Stehen die Wände der Krippe stabil, klebst du als Dach ein Stück Rinde auf.

5 Für Maria und Josef nimmst du je ein Stück Modelliermasse und rollst daraus eine dicke Wurst. Streiche Risse mit feuchten Fingern glatt. Stelle die Rollen vor dich hin und forme oben die Köpfe.

6 Rolle vier dünnere und kürzere Würste. Klebe sie mit etwas Wasser als Arme an die Körper; verstreiche die Übergänge. Forme vier Kügelchen, drücke sie flach und klebe sie mit Wasser als Hände an.

Weihnachtskrippen sind uns seit dem 16. Jahrhundert bekannt. Die ältesten Exemplare stammen aus Spanien und Italien. Bald fand man jedoch in ganz Europa Gefallen daran, die Geschichte der Geburt Jesu mit kleinen und größeren Figuren nachzustellen. In einem großen Münchner Museum, dem Bayerischen Nationalmuseum, gibt es eine große Krippenausstellung, in der du das ganze Jahr über viele verschiedene alte Krippen anschauen kannst.

7 Modelliere zwei kleine Kugelnasen und klebe sie in die Gesichter. Augen und Mund ritzt du mit einem Zahnstocher ein. Die Haare und Josefs Bart werden ebenfalls mit dem Zahnstocher eingeritzt.

8 Für Josefs Hut rollst du Modelliermasse aus. Steche mit einem Glas einen Kreis aus. Forme eine Krempe; setze Josef den Hut auf den Kopf. Forme aus einer kleinen Rolle das kleine Jesuskind.

Ochs, Esel und Schafe gehören zu jeder Krippe.

17

Vielleicht willst du beim Basteln singen? Dieses Lied passt gut. Kennst du es? »Ihr Kinderlein kommet, o kommet doch all, zur Krippe her kommet zu Bethlehems Stall, und seht, was in dieser hochheiligen Nacht der Vater im Himmel für Freude uns macht.«

9 Ochs und Esel formst du aus zwei dicken Würsten. Biege jede Wurst an einem Ende S-förmig nach oben; forme das Gesicht. Nase und Augen einritzen, den Mund mit dem Messer schneiden.

10 Für Schwanz und Beine formst du zehn dünne Würste und drückst sie an den Körpern fest. Auf dieselbe Weise formst du aus der weißen Modelliermasse ein paar Schafe.

Willst du dein Jesuskind in eine richtige Futterkrippe legen? Dann binde für Kopf- und Fußteil jeweils zwei Hölzchen X-förmig zusammen. Als Seitenteile klebst du dünne Zweige an. Noch etwas Stroh in die Krippe – fertig!

11 Nach dem Trocknen malst du Maria, Josef und Jesus Gesichter auf. Male den Ochsen braun, den Esel grau an. Bestreiche die Schäfchen mit UHU und klebe kurze Wollfäden oder Watte an.

12 Schneide die Umhänge für Maria und Josef aus bunten Filzresten zu. Lege sie den Figuren probeweise um und kürze sie falls nötig etwas ein. Erst jetzt klebst du die Filzstücke an den Figuren fest.

Hast du Lust, deine Krippe in einer malerischen Kunstlandschaft in Szene zu setzen? Dazu brauchst du eine Platte aus Holz oder starkem Karton. Trage an den Stellen, an denen Wege sein sollen, UHU auf und streue Vogelsand darauf. Suche ein paar kleine, stark verzweigte Äste. Drücke etwas Modelliermasse auf die Platte und stecke die Äste als Bäume hinein. Zum Schluss werden alle freien Flächen mit Moos beklebt. Das geht am besten mit doppelseitigem Klebeband. Jetzt kannst du die Krippe und die Figuren in der Landschaft aufstellen.

Weihnachtliches Duftbild

Ab 7 Jahren
unter Anleitung eines
Erwachsenen

Hättest du gedacht, dass du aus so alltäglichen Sachen wie Bändern, Orangenscheiben, Pfefferschoten und Zimtstangen ein so schönes Weihnachtsgeschenk basteln kannst? Noch festlicher wirkt es, wenn du ein paar der »Zutaten« mit Lack vergoldest. Oder du klebst noch ein paar goldene Sterne zwischen die duftenden Sachen.

Material

Alter Bilderrahmen
Tonkarton in Grün
Reißzwecken
Lorbeerblätter; getrocknete Orangenscheiben; Pfefferschoten; Zimtstangen
Kleine Glaskugeln; verschiedene Schmuckbänder
Bouillondraht
Goldlack
Pinsel; Bleistift; Lineal
Schere
UHU ALLESKLEBER

Du kannst die Orangenscheiben auch selbst trocknen. Schneide die Orange in etwa 1,5 cm dicke Scheiben und lass sie bei 150 °C im Herd 2 bis 4 Stunden trocknen. Achtung: die Scheiben dabei mehrmals wenden!

1 Miss zuerst das Außenmaß des Rahmens. Zeichne mit Lineal und Bleistift ein Rechteck mit genau diesen Maßen auf den Tonkarton. Lege den Rahmen auf und überprüfe nochmals die Größe.

2 Schneide das Rechteck mit der Schere aus und befestige es mit Reißzwecken an der Rückseite des Rahmens. Wenn du möchtest, kannst du vorne auf den Tonkarton goldene Muster aufmalen.

3 Verteile die Lorbeerblätter, halbierte getrocknete Blutorangenscheiben, Pfefferschoten, Zimtstangen und kleine Glaskugeln auf dem Karton. Wenn du mit der Aufteilung zufrieden bist, klebe alles fest.

4 Klebe Schmuckbänder auf die noch freien Stellen des Kartons oder auf den Rahmen. Damit das Gesteck schön schimmert, spannst du zum Schluss noch Drahtfäden über das fertige Bild.

Kostbare Weihnachtsteller

Ab 7 Jahren
unter Anleitung eines
Erwachsenen

Gefüllt mit Plätzchen, Nüssen, Mandarinen oder anderen weihnachtlichen Leckereien, sind diese glänzenden Schalen und Teller aus Pappmaché eine schöne Ergänzung zur weihnachtlichen Kaffeetafel. Sie sind übrigens auch ein tolles Weihnachtsgeschenk, mit dem du deine Eltern oder Freunde überraschen kannst.

Material
Pappmachépulver

Schnellschleif-
grundierung

Lack in Gold
oder Silber

Alte Plastikschüssel

Alte Zeitungen

Alter Suppenteller

Großes Schneidebrett

Alufolie; Bleistift

Lineal; Spachtel oder
Messer; Schmirgelpa-
pier; Pinsel

1 Als Erstes setzt du das Pappmachépulver an: Gib 1/2 l Wasser in die Schüssel und rühre nach und nach etwa 250 g Pulver ein. Lies am besten vor der Arbeit die Anleitung auf der Packung.

2 Die Masse muss nun etwa 30 Minuten quellen. In der Zwischenzeit deckst du deinen Arbeitsplatz mit alten Zeitungen ab. Rühre die Masse nochmals gründlich mit den Händen durch.

Ist der Teller noch feucht, musst du ihn mitsamt dem Schneidebrett tragen, sonst brechen die Zacken oder Strahlen ab.

3 Lege den Teller mit der Oberseite nach unten auf das Schneidebrett. Lege ein Stück Alufolie darüber; es muss an allen Seiten etwa 10 cm überstehen. Für große Teller mehrere Folienstücke nehmen.

4 Mit dem Spachtel oder dem Messer die Pappmachémasse auf die Folie auftragen; streiche sie ganz glatt. Für die Zacken und Strahlen die Masse über den Tellerrand hinaus auftragen.

5 Zeichne in den Rand Zacken (mit Bleistift und Lineal) oder Strahlen (freihändig), fahre die Konturen mit dem Messer nach und lege die Zwischenräume frei. Die Masse dann 3 Tage trocknen lassen.

6 Ist der Teller trocken, schleifst du alle Unebenheiten mit Schmirgelpapier glatt. Streiche den Teller mit Schnellschleifgrundierung ein, lass ihn trocknen und überziehe ihn mit Gold- oder Silberlack.

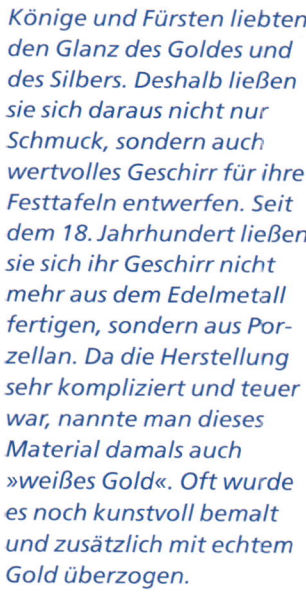

Könige und Fürsten liebten den Glanz des Goldes und des Silbers. Deshalb ließen sie sich daraus nicht nur Schmuck, sondern auch wertvolles Geschirr für ihre Festtafeln entwerfen. Seit dem 18. Jahrhundert ließen sie sich ihr Geschirr nicht mehr aus dem Edelmetall fertigen, sondern aus Porzellan. Da die Herstellung sehr kompliziert und teuer war, nannte man dieses Material damals auch »weißes Gold«. Oft wurde es noch kunstvoll bemalt und zusätzlich mit echtem Gold überzogen.

Gibt es schönere Teller für die Weihnachtsleckereien?

Raffinierte Weihnachtskarten

Ab 7 Jahren unter Anleitung eines Erwachsenen

Hast du auch so viele Freunde und Verwandte, die du sehr gern hast, die du aber an Weihnachten nicht persönlich sehen kannst? Dann zeige ihnen doch mit einer selbst gemachten und stimmungsvollen Weihnachtskarte, dass du trotzdem an sie denkst. Über so einen persönlichen Gruß freut sich schließlich jeder ganz besonders.

Material

Dunkelblauer Tonkarton, DINA4

Goldener Filzstift

Bleistift; Lineal

Schere; Nagelschere

Deckweiß

Natürlich kannst du die Karte auch mit einem anderen Bild verzieren. Wichtig ist nur, dass die Konturen klar und nicht zu kompliziert sind. Auch die Wahl der Farben kannst du ändern: Sehr schön ist z. B. ein mit Deckweiß aufgemalter winterlicher Wald.

1 Halbiere mit der Schere einen DIN-A4-Bogen Tonkarton. Markiere mit Bleistift und Lineal jeweils die Mitte der beiden Hälften und ziehe mit dem Scherenrücken eine tiefe Falzrille.

2 Falte den Tonkarton entlang dem Falz. Drehe die Karte so, dass der Falz auf der linken Seite ist. Zeichne nun auf die obere Klappe die Umrisse eines kleinen Dorfes mit Kirche und Tannenbaum.

3 Klappe die Karte auseinander und schneide den Karton entlang dem Dorfumriss ab. Am Falz nur so viel wegschneiden, dass die Karte unten noch gut zusammenhält.

4 Falte die Karte wieder zu und male mit dem Goldstift auf die nun sichtbare Hälfte der Innenseite einen richtig schönen Sternenhimmel mit Sichelmond und vielen funkelnden Sternen.

Originelle Geschenktüten

*Ab 8 Jahren
unter Anleitung eines
Erwachsenen*

Du weißt noch nicht, wie du deine Geschenke verpacken sollst? Mit diesen Geschenktüten kannst du die Verpackung genau auf die Größe des Geschenks abstimmen. Ist dir das Ganze nicht feierlich genug, kannst du die Tüte noch zusätzlich mit Sternen, Tüllschleifen, Bändern oder Federn verzieren. Einfarbiges Papier kannst du auch bemalen.

Material

Geschenkpapier

Geschenkbänder

Bleistift; Lineal

Schere

UHU ALLESKLEBER
Kraft

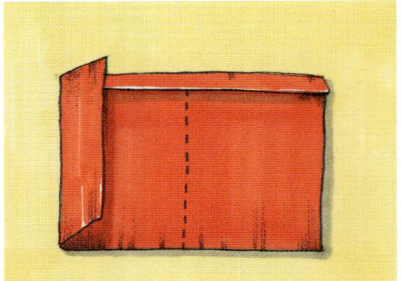

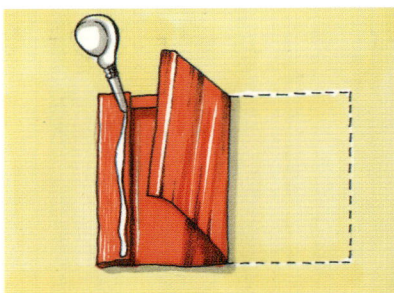

1 Lege ein Stück Geschenkpapier quer vor dich hin und falte den oberen Rand 1 bis 2 cm nach unten. Falte dann die linke Seite des Rechtecks um ein Achtel der gesamten Breite zur Mitte hin um.

2 Trage eine dünne Linie UHU auf die umgeklappte Seite auf. Falte dann die rechte Seite so weit nach links, bis sie sich mit der linken Seite leicht überschneidet. Drücke die Klebestelle fest.

Eine Tüte wird immer halb so groß wie das Papierstück, das du verwendest. Miss also vorher aus, ob dein Geschenk auch in die Tüte passen wird.

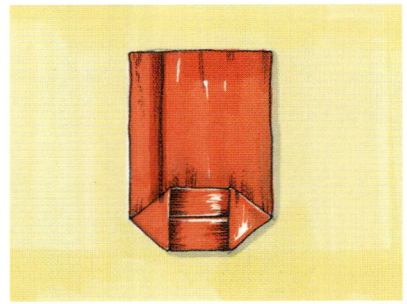

3 Falte den unteren Rand mehrere Zentimeter nach oben. Ziehe den hochgefalteten Teil vorsichtig mit den Fingern auseinander. Klappe die Ecken wie auf der Zeichnung nach innen.

4 Schlage den unteren Rand des noch offenen Bodens bis über die Mitte nach oben. Trage Klebstoff auf und falte das obere Ende darüber. Mit einem Buch beschweren, damit die Klebenaht gut hält.

5 Willst du die Tüte schön verschließen, faltest du von oben eine Ziehharmonika. Ziehe beide Enden der obersten Falte zur Mitte. Zusammenkleben und mit einer Wäscheklammer fixieren.

6 Oder du verschließt die Tüte wie einen Brief. Dazu faltest du den oberen Rand erst einmal ein Stück um. Schlage die Spitzen nach unten zu einem Dreieck zusammen und klebe die Lasche fest.

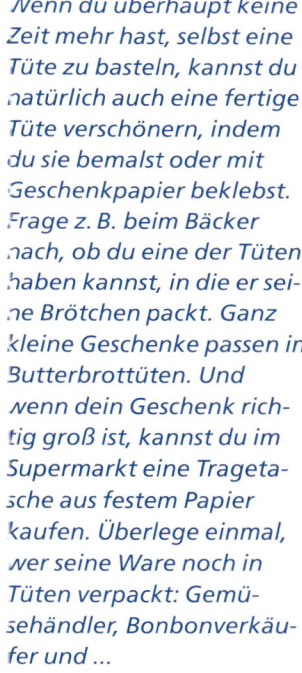

Wenn du überhaupt keine Zeit mehr hast, selbst eine Tüte zu basteln, kannst du natürlich auch eine fertige Tüte verschönern, indem du sie bemalst oder mit Geschenkpapier beklebst. Frage z. B. beim Bäcker nach, ob du eine der Tüten haben kannst, in die er seine Brötchen packt. Ganz kleine Geschenke passen in Butterbrottüten. Und wenn dein Geschenk richtig groß ist, kannst du im Supermarkt eine Tragetasche aus festem Papier kaufen. Überlege einmal, wer seine Ware noch in Tüten verpackt: Gemüsehändler, Bonbonverkäufer und ...

Wäre das nicht eine tolle Verpackung für deine Weihnachtsgeschenke?

Lustige Geschenkrollen

*Ab 6 Jahren
unter Anleitung eines
Erwachsenen*

Damit sich die Beschenkten noch mehr freuen, kannst du deine Präsente schön einpacken. In diesen Geschenkrollen kannst du alle länglichen Geschenke verpacken. Wenn du mehrere kleine Geschenke hast, kannst du sie hintereinander reihen und die Rolle mit einer schönen Kordel abbinden. Dann hast du eine richtige Geschenkekette.

Material

Küchen- oder
Toilettenpapierrolle
Geschenkpapier
Bastelfolie
Seidenpapier
Geschenkbänder
Bleistift; Schere
UHU Bastelkleber
Klebestreifen

1 Miss Umfang und Länge der Rolle ab und zeichne ein Rechteck mit den Maßen auf Geschenkpapier. Gib an den schmalen Seiten je 10 cm, an einer langen 3 cm dazu. Schneide das große Rechteck aus.

2 Bestreiche die Rolle mit Klebstoff, lege sie in die Mitte des Geschenkpapierrechtecks und rolle sie ein. Stecke das Geschenk in die Rolle und binde das überstehende Papier mit Geschenkband zu.

Hübsch sehen deine Päckchen aus, wenn du sie zusätzlich mit einem Stern aus Goldfolie, mit Federn, bunten Bändern oder mit Schleifen verzierst. Du kannst auch einen funkelnden Baumschmuck als Geschenkanhänger daran binden.

3 Kleinere Geschenke, die alle etwa gleich groß sind, kannst du auch anders verpacken. Lege die Geschenke mit etwas Abstand auf einen Bogen Seidenpapier; wickle dann das Papier zur Rolle auf.

4 Jetzt bindest du die Rolle an beiden Enden wie ein Bonbon zu. Damit eine lustige Kette entsteht, bindest du das Papier auch zwischen den einzelnen Geschenken ab.

Weihnachtliche Leckereien

Nussmakronen

Ab 6 Jahren
unter Anleitung eines
Erwachsenen

Das brauchst du für etwa
60 Stück Nussmakronen
2 Eier
250 g Zucker
1 Päckchen Vanillezucker
300 g geriebene Haselnüsse
Kleine runde Oblaten
Ganze Haselnüsse
zum Verzieren

Schlage in einer Rührschüssel Eier und Zucker mit dem Rührgerät schaumig. Dann gibst du die geriebenen Haselnüsse und den Vanillezucker dazu und verrührst alles nochmals gründlich. Schon jetzt solltest du den Backofen auf 160 °C einstellen. Dann hat er die richtige Temperatur, wenn die Makronen hineinkommen.

Nun verteilst du die Oblaten auf dem Backblech. Feuchte deine Hände in lauwarmem Wasser an und forme aus dem Teig kleine Kügelchen – etwa halb so groß wie Tischtennisbälle. Setze auf jede Oblate eine Teigkugel. Drücke zum Schluss in jede Kugel eine ganze Haselnuss. Jetzt schiebst du das Backblech auf die mittlere Schiene des vorgewärmten Ofens. Nach 20 bis 25 Minuten nimmst du das Blech wieder heraus, lässt die Makronen abkühlen und füllst sie in eine Dose – so bleiben sie schön frisch. Du kannst die knusprigen Nussmakronen natürlich auch gleich essen. Guten Appetit.

Genau das richtige Gebäck für
Advent und Weihnachten.

Bratapfel

Wasch den Apfel unter fließendem Wasser und steche mit einem Apfelschneider das Kerngehäuse heraus. Der Apfelschneider ist sehr scharf –
pass deshalb gut auf, dass du dich nicht verletzt. Vielleicht hilft dir auch
ein Erwachsener. Am besten heizt du schon jetzt den Backofen auf
200 °C vor. (Die Temperaturangabe gilt für einen Backofen mit Ober-
und Unterhitze.) Vermische in einer kleinen Schüssel die Rosinen mit
Zucker und Zimt. Setze den hohlen Apfel in eine Auflaufform und fülle
ihn. Ganz unten kommt ein Stückchen Butter hinein. Dann drückst du
abwechselnd ein paar Mandelstifte und Teile der Rosinenmischung in
den Hohlraum. Zum Schluss kommt noch einmal ein kleines Stück Butter auf die Füllung. Schiebe die Auflaufform in die Mitte des Ofens und
lasse den Apfel etwa 20 Minuten braten. Wenn der Apfel außen leicht ge-
bräunt und schrumpelig ist, ist er fertig. Innen ist er dann schön weich und
schmeckt einfach köstlich, besonders mit Schlagsahne oder Vanillesauce.

Das brauchst du für
einen Bratapfel
1 roten Apfel
1 TL Rosinen
1/2 TL Zucker
1/2 TL Zimt
1/2 TL Butter
1 TL Mandelstifte

Das brauchst du für
4 Gläser Apfelglühwein
1/2 l klaren Apfelsaft
25 g braunen Zucker
1 Beutel Glühweingewürz
4 Scheiben von einer
unbehandelten Zitrone

Apfelglühwein

Erhitze den Apfelsaft mit dem Zucker in einem mittelgroßen Kochtopf.
Rühre dabei gelegentlich um, damit sich die Zuckerkristalle auflösen.
Sobald die Flüssigkeit zu kochen beginnt, nimmst du den Topf vom
Herd und hängst den Gewürzbeutel hinein. Lass ihn 5 Minuten ziehen,
bevor du ihn wieder heraus nimmst. Jetzt kannst du den Glühwein in
die Gläser gießen. Damit er hübscher aussieht und leicht säuerlich
schmeckt, gibst du in jedes Glas noch eine Zitronenscheibe.

Wenn's draußen kalt ist, schmeckt
Apfelglühwein besonders gut.

Über die Autorin

Lena Wellnhofer ist seit vielen Jahre als Redakteurin tätig. Neben zahlreichen Artikeln zum Thema »Handarbeiten«, »Hobby« und »Heimwerken« hat die begeisterte Bastlerin bereits mehrere Sachbücher für Kinder veröffentlicht.

Bildnachweis

Alle Fotos stammen von Michael Nagy, München, mit Ausnahme von: Albrecht Dirk, Meinerzhagen: 31 li. und re.; Das Fotoarchiv, Essen: 3 li. (Andreas Riedmüller); Tony Stone, München: 3 re. (John Turner).

Hinweis

Das vorliegende Buch ist sorgfältig erarbeitet worden. Dennoch erfolgen alle Angaben ohne Gewähr. Weder Autorin noch Verlag können für eventuelle Fehler oder Schäden, die aus den im Buch gegebenen praktischen Hinweisen resultieren, eine Haftung übernehmen.

Impressum

© 1998 Südwest Verlag GmbH in der Verlagshaus Goethestraße GmbH & Co. KG, München

Redaktion:
Sylvie Hinderberger
Projektleitung:
Sylvia Wohofsky
Redaktionsleitung:
Nina Andres
Illustrationen:
Susanna Grigoletto
Bildredaktion:
Beate Wagner
Umschlag/Layout:
Manuela Hutschenreiter
DTP/Satz:
Mihriye Yücel
Produktion:
Manfred Metzger
Druck: Color-Offset, München
Bindung:
R. Oldenbourg, München

Printed in Germany

Gedruckt auf chlor- und säurearmem Papier

ISBN 3-517-07707-0